AF384374

ŒUVRE
DES
LIBÉRÉES
DE
SAINT-LAZARE

Reconnue d'utilité publique

HISTORIQUE — FONCTIONNEMENT
RÉSULTATS — STATUTS

PAR

Léon LELEUX

Prix : 1 franc — *Vendu au profit de l'Œuvre*

AU SIÈGE DE LA SOCIÉTÉ
14, place Dauphine, 14

—

1911

ŒUVRE
DES
LIBÉRÉES
DE
SAINT-LAZARE

Reconnue d'utilité publique

HISTORIQUE — FONCTIONNEMENT
RÉSULTATS — STATUTS

PAR

Léon LELEUX

Prix : 1 franc — *Vendu au profit de l'Œuvre*

ORLÉANS

IMPRIMERIE AUGUSTE GOUT ET Cⁱᵉ, PASSAGE DU LOIRET

—

1911

L'ŒUVRE DES LIBÉRÉES

DE

SAINT-LAZARE

AVANT-PROPOS

Je voudrais avant tout mettre le lecteur en garde contre une erreur grossière que font presque toutes les personnes qui ne connaissent notre Œuvre que de nom.

Elles se figurent volontiers que nous nous occupons exclusivement des prostituées, ce qui est faux. Mais c'est là une erreur bien excusable. Elle provient de ce que la prison de Saint-Lazare, bien qu'elle ait reçu de tout temps des prévenues et des condamnées de différentes sortes, a toujours passé pour être la prison spéciale des femmes de mauvaise vie.

Pourquoi ? Tout simplement parce que, depuis longtemps, on a eu dans le gros public la fâcheuse habitude et le mauvais goût de plaisanter, de railler, jusque par la chanson, ces pauvres femmes et leur prison, si bien qu'à travers le nom de Saint-Lazare, on a fini par ne plus voir que des prostituées.

Ces malheureuses qu'on décrie et qu'on méprise — quelquefois après les avoir pous-

1

sées dans l'abîme — ne sont cependant pas moins intéressantes que d'autres condamnées. On en a même vu qui, devenues mères, manifestaient — peut-être parce qu'elles étaient tristement averties — un amour maternel plus tendre, plus inquiet et plus clairvoyant que celui des femmes qui n'ont jamais été aux prises avec les difficultés et les dangers de la vie.

Ceci, pour dire combien sont méritantes et nobles les œuvres qui, à côté de la nôtre, s'occupent spécialement ou exclusivement des prostituées.

Nous, quand nous nous en chargeons, ce n'est, généralement, que lorsqu'il s'agit de mineures et de sujets qui présentent quelques chances d'amendement.

En dehors de ces cas, nous nous occupons d'une quantité d'autres femmes, que l'on trouvera mentionnées plus loin dans le chapitre du « Fonctionnement » aux paragraphes des visites dans les prisons et des asiles et qui, en gros, peuvent se diviser en trois classes principales : les femmes ou jeunes filles sans condamnation, qui viennent à nous dans la détresse ; les jeunes filles mineures ..adamnées qui nous sont confiées par la justice póur subir leur peine sous notre surveillance ; les femmes et jeunes filles qui, après avoir subi une peine dans les prisons, sont à nouveau lancées dans la vie libre, mais qui n'ont ni parents ni ressources et qui risqueraient trop facilement de retomber si elles ne rencontraient sur leur chemin un asile, un secours et quelque encouragement moral qui leur permette de lutter contre la méfiance qui les entoure.

C'est en recevant toutes ces catégories de femmes ou de jeunes filles que l'Œuvre justifie et atteint le but si élevé qu'elle s'est assigné dans ses statuts : préserver la femme en danger de se perdre et fournir aux libérées le moyen de se réhabiliter.

En entrant dans les détails et en écrivant ce qui va suivre, je n'ai qu'un désir : convaincre ceux qui liront cette petite brochure de la noble tâche ainsi que de l'utilité sociale de notre Œuvre, et les assurer, de sa part, d'une grande reconnaissance s'ils veulent bien nous venir en aide.

HISTORIQUE

HISTORIQUE

Un jour de l'année 1865. Mlle Pauline Michel de Grandpré, femme d'un grand cœur et d'une charité infatigable, pénétrait pour la première fois dans la prison de Saint-Lazare, à la suite de son oncle, l'abbé Michel, qui venait d'en être nommé l'aumônier.

A cette époque, Saint-Lazare était, pour Paris, la seule prison de femmes. On y rencontrait donc tout ensemble les prévenues, les condamnées, les jeunes filles de la correction, les récidivistes et les femmes de mauvaise vie.

Mélange tristement impressionnant et déplorable au point de vue des conséquences morales, car ces catégories de femmes n'étaient pas séparées d'une façon rigoureuse et l'innocence ou la faute légère coudoyaient tr.. souvent la culpabilité réelle et le vice incarné. « Un vent de dépravation », comme l'a si bien dit Maxime du Camp, dans son *Paris bienfaisant*, « souffle à travers les clôtures, flétrit les « âmes, dessèche les cœurs et brise bien « souvent de pauvres créatures qui « n'avaient été que courbées par les oura- « gans de la vie. »

Et ce n'était pas tout, hélas ! car, une fois sorties de Saint-Lazare, les pauvres femmes se trouvaient rejetées sur le pavé de Paris, quelquefois sans vêtements, presque toujours sans argent, c'est-à-dire sans asile et sans pain. De sorte que celles qui voulaient sincèrement se réhabiliter ne le pouvaient pas, car personne, en raison de leur tare, ne voulait se charger d'elles. Ne trouvant que le mépris ou la défiance pour les accueillir, elles récidivaient pour la plupart, afin de rentrer s'abriter à Saint-Lazare ! Celles qui avaient un germe tenace d'honnêteté se jetaient à la Seine.

Ce fut la vue de ce triste spectacle qui donna à M.lle de Grandpré l'idée de fonder son œuvre.

Laissons-la parler elle-même :

« ... Plusieurs fois, j'avais donné à ces
« pauvres femmes des vivres et quelques
« vêtements. Un jour, je me surpris déses-
« pérée à regarder mon armoire vide de
« linge. Je pensai alors que j'avais des
« amies jeunes, riches, bonnes ; je courus
« chez elles et leur racontai mon angoisse.
« Je n'avais plus rien à donner ! Le lende-
« main, des voitures s'arrêtèrent à la porte
« de Saint-Lazare. Des femmes élégantes
« en descendirent, portant dans leurs bras
« de petits ballots de vêtements. Pas une
« n'avait refusé. Nous nous mîmes à tra-
« vailler immédiatement. Le « *Vestiaire* » de

« l'Œuvre des Libérées était fondé. Il a
« toujours fonctionné depuis. »

Puis, poursuivant son but sans relâche,
Mlle de Grandpré remua l'opinon publique
par un livre (*Les Condamnées de Saint-
Lazare*, 1868) et des articles très vibrants,
qu'elle fit paraître dans le *Moniteur uni-
versel.*

On comprend facilement que son idée
généreuse ne fit pas son chemin toute
seule, car tout est difficile, même de faire
le bien. Mais je ne parlerai pas des luttes
que Mlle de Grandpré eut à soutenir et
qu'elle n'aurait jamais dû rencontrer.

Le 5 février 1870, un certain nombre de
personnes qui s'intéressaient à l'Œuvre
s'étant groupées, une Assemblée générale
fut tenue au presbytère de Saint-Eustache
et là on élabora en hâte des statuts provi-
soires : l'*Œuvre des Libérées de Saint-
Lazare* était fondée à son tour.

Mais alors surviennent les tristes événements de la guerre franco-allemande qui

marquent un temps d'arrêt dans le développement de l'Œuvre. Cependant elle résiste à la tempête et rebondit. On commence à s'occuper activement des libérées. En dehors des vivres, des vêtements et du travail qu'on leur donne, on les reçoit dans des chambres particulières disséminées en ville, sous la surveillance des dames patronnesses.

En 1874, le Préfet de police autorise, par un arrêté en date du 31 janvier, la Société à fonctionner régulièrement.

A partir de ce jour, l'élan ne se ralentit plus et l'Œuvre prend un essor définitif.

En 1876, le *Secrétariat*, où sont réunis tous les dossiers et où se rencontrent les dames patronnesses, est installé rue d'Albouy, dans le voisinage de Saint-Lazare.

En 1877, le Conseil municipal accorde à la Société une subvention de 1,000 francs ; en 1878, le Ministre de l'Intérieur, tenant à encourager l'Œuvre, lui alloue la même somme.

En 1882, le patronage ne reste plus limité aux libérées ; il s'étend aux prévenues arrêtées sous des inculpations sans gravité et que le magistrat instructeur veut bien confier à la Société après abandon de poursuites.

En 1883, Mlle de Grandpré s'étant retirée à la campagne, Mme de Barrau est devenue Directrice générale avec, à côté d'elle, Mme Isabelle Bogelot comme directrice-adjointe. Mlle de Grandpré ne pouvait laisser son œuvre en de meilleures mains.

La même année, sur l'initiative de Mme Bogelot, qui était mue par une pensée vraiment maternelle, le Conseil décide, à l'unanimité, de fonder, à Billancourt (commune de Boulogne-sur-Seine), un asile temporaire et de convalescence pour les enfants des prévenues, des condamnées ou des libérées et, déjà, dans le cours de l'année, on put y recevoir quelques pauvres petites.

Toujours la même année, il se produit un fait capital pour l'action efficace de l'Œuvre : la nouvelle directrice obtient la faveur d'entrer à Saint-Lazare ; elle peut ainsi prévenir les tribulations qui attendent la libérée à sa sortie de prison, encourager les malheureuses qui ont conservé un sentiment de probité, préparer leur relèvement moral, leur retour à la vie de femmes honnêtes. Cette autorisation, amplifiée plus tard, est l'origine des « visites dans les prisons » que l'on retrouvera plus loin au chapitre du fonctionnement actuel.

A la date du 26 janvier 1885, la Société est, par décret, reconnue d'utilité publique.

En 1886, le Secrétariat quitte la rue d'Albouy et vient s'installer dans un endroit qui est plus au centre de son rayon d'action, la place Dauphine. Là il occupe le n° 28, élégante maison qui donne sur le Pont-Neuf, en face de la statue de Henri IV, et où naquit Mme Rolland.

L'année 1887 amène avec elle deux événements nouveaux. C'est d'abord, et par ordre chronologique, l'autorisation donnée à deux dames patronnesses de l'Œuvre, non plus seulement de visiter les détenues à Saint-Lazare, mais aussi les prévenues au Dépôt, ce qui n'est pas d'une moindre importance, comme on s'en rendra compte au « Fonctionnement ».

Ensuite, c'est la retraite de Mme de Barrau qui fait passer la direction générale entre les mains de Mme Bogelot, que tout désignait pour ce poste. En effet, elle connaissait l'Œuvre depuis plusieurs années et s'y était entièrement consacrée avec toute sa bonté, son activité et son intelligence.

Elle eut, d'autre part, en son mari, M. l'avocat Bogelot, homme d'un esprit droit et pondéré, le meilleur des collaborateurs. Il n'est donc pas étonnant que l'on voie, à partir de ce moment, la Société entrer dans une ère définitive de prospérité.

En 1888 apparaît pour la première fois, aux recettes, un article bien intéressant, parce qu'il est un indice significatif de l'action moralisatrice du patronage : c'est le remboursement volontaire d'une somme de cinq francs par une femme secourue. Nous verrons, du reste, plus tard, que cet article du budget s'accroît d'année en année.

En 1901, Mme Caroline André, notre Directrice générale actuelle, devient directrice adjointe.

En 1903, est inauguré le nouvel Asile temporaire de Billancourt qui remplace celui de 1883 ; construit à l'aide de dons généreux et de subventions fournies par l'Etat et le Pari mutuel, il est la propriété de la Société. Elle le destine aux adultes ainsi qu'aux mineures, et l'a fait installer avec le souci de tout ce que la salubrité et l'hygiène modernes réclament.

En 1905, Mme Caroline André devient Directrice générale à la place de Mme Bogelot, qui se retire. Ce changement dans la direction, de même que les précédents, imprime un nouvel élan à la Société et il semble vraiment qu'une bonne fée ait présidé à la naissance de l'Œuvre, car les femmes éminentes qui ont été à sa tête se sont montrées d'une telle supériorité qu'il est impossible de pouvoir dire s'il en est une qui ait surpassé les autres.

En avril 1910, on inaugure, également à Billancourt, le second asile, dit « Ecole ménagère », qui complète le premier et que l'on réserve aux mineures.

Appuyée sur la base indispensable et solide de ces deux asiles, la Société va dorénavant poursuivre sa tâche, restant toujours fidèle à la noble mission qu'elle s'est donnée : Préserver la femme en danger de se perdre et fournir à la libérée, sans distinction de culte ni de nationalité, le moyen de se réhabiliter. Les mots « sans distinction de culte ni de nationalité » se voient plusieurs fois dans des comptes rendus, des rapports ou des discours, ils ne figurent nulle part dans les statuts. Cependant, dans la pratique, ils ont toujours été appliqués et, s'ils ne sont pas imprimés sur le papier, de tout temps ils l'ont été dans l'esprit des personnes dirigeant l'Œuvre, ce qui vaut mieux.

Cet aperçu historique, que je me suis efforcé de faire aussi bref que possible, serait cependant trop incomplet si des remerciements sincères et mérités n'étaient adressés au Gouvernement, aux grandes administrations de l'Etat qui nous donnent, depuis quelques années d'appréciables subventions, et aux personnes charitables et généreuses qui, par des dons en espèces ou en nature, souvent répétés, permettent à l'Œuvre d'élargir sans cesse son champ d'action.

FONCTIONNEMENT
DE L'ŒUVRE

FONCTIONNEMENT DE L'ŒUVRE

Plusieurs services concourent au bon fonctionnement de l'Œuvre.

Ce sont :

Le secrétariat ;

Le vestiaire ;

Les visites au Dépôt ;

La présence d'une déléguée de l'Œuvre à la 8e Chambre ;

Les visites aux détenues ;

L'Asile temporaire ;

L'Ecole ménagère.

§ Ier. — Le Secrétariat

Nous avons vu que le Secrétariat, qui se trouvait à l'origine office d'Albouy, a été, par la suite, très judicieusement rapproché de son centre d'action, et installé dans le voisinage du Dépôt, de la Préfecture de police, du Palais de justice et de l'Assistance publique.

Il a abandonné le n° 28 de la place Dauphine et se trouve maintenant au n° 14 de la même place.

Le Secrétariat est un bureau ouvert le mardi et le vendredi, et dirigé par deux secrétaires-déléguées pleines de dévouement pour l'Œuvre.

C'est là qu'on donne les premiers secours aux prévenues acquittées qui se trouvent sans ressource et aux libérées qui, sortant de prison, sont jetées sur le pavé de Paris dans le dénuement le plus complet. On leur fournit de suite quelques vêtements, des bons de nourriture, et, après enquête, un peu d'argent si cela est nécessaire. En outre, on les recommande à l'Œuvre de « l'Hospitalité de nuit » qui consent à conserver quelque temps celles qui sont sans domicile.

On gagne ainsi quelques jours pendant lesquels la libérée peut se chercher du travail, soit seule, soit avec l'aide des dames de l'Œuvre.

Quelquefois, on arrive par des démarches — et c'est là un des triomphes de l'Œuvre — à désintéresser des plaignants si le préjudice causé est modeste ; on obtient un désistement que l'on porte au juge d'instruction. Généralement il se laisse fléchir et renvoie la malheureuse avec une ordonnance de non-lieu. La première condamnation et ses tristes conséquences sont ainsi évitées.

Chaque fois qu'une femme se présente place Dauphine, son nom et son état civil sont inscrits sur un registre d'enquête et, à côté, une courte notice résume sa vie, ce qui permet de retrouver ses antécédents si 'on la revoit plus tard.

C'est au Secrétariat que se rencontrent les dames patronnesses pour se partager les courses à faire au sujet des enquêtes, les lettres à écrire dans un but de réconciliation avec des parents ou pour hâter les formalités d'un mariage qui régularisera la situation d'une mère.

C'est là que se donnent les adresses et les renseignements pour le placement des apprenties, des ouvrières et des domestiques.

C'est là encore que se décide la marche à suivre en vue d'obtenir : pour les femmes âgées, leur entrée dans des maisons de retraite ; pour les malades, un lit à l'hôpital. On y prépare la réception des malheureuses qui doivent être secourues ou hospitalisées suivant les cas. C'est là enfin qu'on s'occupe du rapatriement d'un assez grand nombre de femmes et du placement à la campagne des enfants des filles-mères, envoyées à l'Œuvre par les hôpitaux et les maternités.

Il convient d'ajouter que l'Assistance publique n'a jamais refusé son aide pour le placement des enfants assistés et des filles-mères.

L'*Œuvre des Libérées de Saint-Lazare* a annexé à son Secrétariat une « Bibliothèque », spécialement consacrée à l'étude des questions pénitentiaires et de patronage. Elle possède aussi de nombreux documents sur les questions qui intéressent le sort de la femme.

Le Conseil d'administration accepte avec reconnaissance tous les documents de nature à compléter ses collections.

§ II. — *Le Vestiaire*

Le Vestiaire est un local attenant au Secrétariat, où se réunissent tous les vendredis, de 2 à 4 heures, les personnes de bonne volonté qui travaillent à confectionner du linge et des vêtements pour les femmes que nous venons de désigner au paragraphe précédent. Et, comme ce travail ne suffirait pas aux besoins des nombreuses protégées de l'Œuvre, le Vestiaire accepte le linge ou les vêtements usagés que l'on peut porter ou envoyer au Secrétariat.

Ce Vestiaire qui fut, on s'en souvient, créé par Mlle de Grandpré, à l'origine de la Société, a acquis depuis lors une existence propre et une très grande extension, ainsi qu'on le verra au chapitre des « Résultats ».

§ III. — *Les visites au Dépôt*

Comme chacun sait, le Dépôt est une prison provisoire, contiguë au palais de justice, où l'on met « en dépôt » les personnes qui vont être jugées. La détention au Dépôt ne doit pas dépasser et, depuis la loi du 8 décembre 1897, ne dépasse plus, en fait, le délai de vingt-quatre heures.

On compte au Dépôt, chaque année, environ soixante mille entrées, soit une moyenne de 165 arrivants par jour. Il est facile de comprendre l'intérêt qu'il y a à visiter, dans ce « grand violon », les femmes qui y sont conduites directement, car quelques-unes, celles prises en flagrant délit, peuvent être jugées de suite et comme, dans ce cas, elles ne font pas de prévention dans une prison, on ne pourrait les voir avant le jugement et on risquerait de laisser échapper des cas intéressants.

Donc, tous les matins, une des Secrétaires déléguées de notre Œuvre va au Dépôt, consulte le registre d'entrée, voit les cas qui lui paraissent dignes d'attention et continue ses visites à Fresnes ou à Saint-Lazare à celles qu'elle a distinguées. Toutefois, les visites aux prisons de Saint-Lazare et de Fresnes sont plus spécialement du ressort des dames patronnesses.

Il est rare que des prévenues soient remises directement à l'Œuvre sans jugement. Quelquefois, pourtant, dans des cas particulièrement intéressants, le juge use de cette faveur. J'en cite un exemple que j'emprunte à l'ouvrage de Mme Valette :

Une brave femme ramène à Paris un nourrisson. La mère lui doit 160 francs. Autant dire qu'elle n'a presque jamais payé.

La pauvre femme, ne pouvant davantage supporter cette charge, obtient, par l'intermédiaire du maire de l'endroit, le voyage gratuit. Voyage d'aller, cela va sans dire. La mère paiera le billet de retour, on le croit du moins. Mais la mère ne paye rien, ni mois de nourrice ni voyage de retour, si bien que la malheureuse femme est trouvée à la gare, pleurant et ne sachant que devenir. On la conduit au Dépôt pour vagabondage et elle est signalée à l'attention des dames visiteuses. La secrétaire est chargée des démarches et, quelques jours plus tard, la brave femme rentre chez elle gratuitement, grâce à l'intervention de l'OEuvre. Les deux ou trois jours qu'a duré l'enquête, elle les a passés dans l'un des deux asiles dont nous nous occuperons tout à l'heure.

La semaine suivante, une grosse écriture tremblée arrivait du pays, à l'adresse de la Directrice générale :

« Madame,

« Je suis heureusement arrivée et j'ai trouvé tout mon petit monde en bonne santé, parce que, heureusement, tout le monde s'en était occupé. Je vous remercie beaucoup de toutes les bontés que vous avez eues pour moi. J'ai été bien heureuse de vous trouver pour me tirer d'embarras.

« Recevez, etc., etc. »

Comme on le voit, cet exemple valait d'être cité et à un triple point de vue : il montre l'utilité des visites au Dépôt, indique les cas dans lesquels notre Asile temporaire entre en jeu et, enfin, fait voir que, si nous nous donnons de la peine, nous sommes récompensés par de sincères témoignages de reconnaissance. Cet exemple est ancien. Nous allons voir, au paragraphe suivant, qu'en vertu de la loi de 1898 l'inculpée pourra aussi être relâchée pendant l'instruction, c'est-à-dire avant le jugement, mais ce sera sous forme de « liberté provisoire ».

§ IV. — *Visites à la 8ᵉ Chambre*

Le lundi de chaque semaine se tient, au palais de justice, à la 8ᵉ Chambre, une audience correctionnelle où sont jugées les mineures qui proviennent directement du Dépôt ou qui se trouvent en prévention à Fresnes, la seule prison de Paris où l'on reçoive des mineures.

Une dame de l'Œuvre est spécialement déléguée pour assister à cette audience. Elle peut, en effet, trouver là, mais le cas est rare, une inculpée qui n'a pas été signalée par les magistrats ou qui n'a pas été vue à la prison. Cependant, si elle se trouve en face d'une mineure intéressante, elle demande, séance tenante, au juge, président du tribunal, et avant le jugement, de vouloir bien la confier à l'Œuvre, et il est fréquent que le président acquiesce à sa requête. A première vue, la chose paraît très simple, mais en réalité elle ne l'est guère et un tout petit cours de droit est ici nécessaire pour faire comprendre comment on arrive à ce résultat et pour initier les lecteurs à la législation qui régit les mineurs.

L'article 66 du Code pénal dit : « Lors-
« que le prévenu ou l'accusé aura moins
« de seize ans (une loi du 12 avril 1906 a
« étendu la minorité pénale jusqu'à dix-
« huit ans), s'il est décidé qu'il a agi sans
« discernement, il sera acquitté; mais il
« sera, selon les circonstances, remis à ses
« parents ou conduit dans une colonie pé-
« nitentiaire (maison de correction) pour y
« être élevé et détenu pendant le nombre
« d'années que le jugement déterminera et
« qui, toutefois, ne pourra excéder l'époque
« où il aura atteint sa majorité. »

Donc, remise aux parents qui, souvent, ne se soucient guère de reprendre leur enfant, ou envoi dans une maison de correction. Mais l'enfant ne peut être confié à une œuvre charitable.

C'est alors qu'intervient la loi du 19 avril 1898, dont les articles 4 et 5 visent spécialement les œuvres charitables.

Voyons d'abord l'article 4 qui vise l'inculpée pendant la période d'instruction, c'est-à-dire avant sa comparution devant la 8e Chambre. Il stipule qu'en cas de crimes ou délits commis par des enfants, le *juge d'instruction* aura le droit de confier pendant l'instruction, et jusqu'à ce qu'il soit intervenu une décision définitive, l'enfant à une œuvre.

C'est, en fait, une mise en liberté provisoire, avec « garde » de l'enfant par une œuvre. Mais le mot garde ne doit pas être pris au pied de la lettre. Il signifie que l'œuvre désignée doit chaque mois adresser un rapport à la Préfecture de police, indiquant l'adresse de l'enfant et rendant compte de sa conduite. En fait, l'enfant est libre. C'est ainsi que nous avons actuellement la garde, la surveillance si l'on aime mieux, d'une jeune étrangère faisant partie d'une troupe de forains. Chaque mois, elle nous envoie fidèlement de quelque champ de foire nouveau et du fond de sa roulotte, une lettre visée par le maire de l'endroit où elle se trouve et donnant des détails sur son existence qui est d'ailleurs fort honnête. L'œuvre est responsable de l'enfant qui peut être repris par le juge d'instruction, soit parce que l'enfant a fait de nouvelles fautes, soit parce que l'œuvre n'offre pas une garantie morale suffisante.

Voyons maintenant l'article 5 de la loi de 1898. Il dit : « Dans ces mêmes cas (ceux « visés par l'art. 4), les cours et tribunaux « saisis du crime ou du délit pourront « statuer « définitivement » sur la garde de « l'enfant en rendant leur jugement. »

Donc, l'enfant peut être confié à une œuvre, mais cet article a un défaut : le tribunal qui a confié définitivement à une œuvre l'enfant qui devait aller en correction est dessaisi. Si l'enfant se conduit mal et ne commet point un nouveau délit, il, ne peut le reprendre ! Alors, on a tourné la difficulté. Le tribunal, en vertu de l'article 66, prononce l'envoi en correction ; mais, en vertu d'une entente officieuse entre l'autorité judiciaire, l'Administration péhi-tentiaire et l'œuvre désignée, il est convenu qu'*après le jugement rendu*, l'administration pénitentiaire confie l'enfant à une œuvre en prononçant *une libération provisoire*. Si l'enfant se conduit mal, l'œuvre le lui renvoie et il est alors mis en correction.

A première vue, ce mécanisme paraît compliqué, mais, en réalité, il fonctionne parfaitement et donne de bons résultats. Toutefois, il serait à désirer que ces résultats fussent plus solidement assurés et plus généralisés par une législation mieux appropriée.

Puisque nous parlons de correction, je saisis l'occasion de mettre en garde le public contre des appréciations et des jugements immérités que l'on fait courir

sur les maisons de correction. Les enfants
qui y entrent en sortent, dit-on, plus cor-
rompus qu'ils n'étaient avant et ces maisons sont de véritables écoles prépara-
toires de récidive !

Calomnie facile et jugement inexact. En
effet, il y a dans les maisons de correction
une proportion d'amendements très appréciable et si, sur la quantité d'enfants qui en
sortent, il y a malheureusement un grand
nombre de sujets qui sont restés mauvais,
ce ne sont certainement pas les œuvres
charitables qui en feraient un crime à l'Administration pénitentiaire — qui a été d'ailleurs considérablement améliorée dans ces
dernières années — car elles savent bien que
cette administration leur a confié les enfants
qui offraient le plus de chance de régénéra-
tion et qu'elle a conservé tout le rebut.

Je ne puis me dispenser, puisque nous
en sommes à ce qui concerne la législation
concernant les mineurs, de faire ici une
petite digression et de parler des *Tribunaux*

d'enfants. C'est d'autant plus le moment que, dans quelques jours, et grâce à l'initiative du « Musée social », il va se tenir à Paris un « Congrès international des tribunaux pour enfants » auquel notre Œuvre a décidé de se faire représenter. Une des questions qui y seront discutées l'intéresse plus spécialement. C'est l'étude du « rôle des institutions charitables devant les Tribunaux pour enfants et leur situation vis-à-vis de l'Etat. »

Depuis longtemps, on a compris que, si l'on veut porter remède à l'augmentation de la criminalité des mineurs, il faut attaquer le mal dans la racine et chercher à le réprimer principalement chez les enfants. Aussi la question de l'enfance coupable a-t-elle, depuis plusieurs années, préoccupé les criminalistes de tous les pays. Mais, sur ce point comme sur d'autres, nous nous sommes laissé devancer par des nations qui semblent avoir compris plus vite que nous qu'à des enfants, il fallait des tribunaux d'enfants, c'est-à-dire une juridiction· et des sanctions qui, sans les confondre avec les autres prévenus, s'adaptent mieux à leur nature encore tendre et plus susceptible de s'améliorer avec des soins moraux et de la discipline qu'avec de durs châtiments.

Les Etats-Unis ont depuis douze ans des tribunaux d'enfants. L'Angleterre et d'autres pays ont suivi; l'Allemagne vient plus récemment de se joindre au mouvement.

De notre côté, nous ne sommes pas restés entièrement inactifs et cette spécialisation de la 8e Chambre pour les mineurs, dont je viens de parler, est un progrès ; mais la mise en scène de l'audience, son apparat trop solennel pour des enfants et la nature des peines prononcées sont des points qui laissent à désirer.

De son côté, le Parlement, très impressionné par la recrudescence de la criminalité juvénile, a mis en discussion et adopté, en 1910, un projet de loi présenté par M. Deschanel. Ce projet, étudié par M. Grimanelli, remanié et élargi par M. le sénateur F. Dreyfus, qui s'occupe depuis longtemps de l'enfance coupable, a été adopté avec d'heureuses modifications en 2e lecture par le Sénat. Ce vote, tout récent, est du mois de mai de cette année.

La future loi nous touche de trop près pour que je ne prenne pas la permission de m'y arrêter un instant.

Elle se divise en trois titres :

TITRE Ier

Ce titre traite « des infractions à la loi pénale imputables aux mineurs au-dessous de 13 ans ».

D'après l'article 1er, le mineur de l'un ou de l'autre sexe de moins de treize ans auquel est imputée une infraction à la loi pénale n'est pas déféré à la juridiction répressive. Il pourra être soumis, suivant les cas, à des mesures de tutelle, de surveillance, d'éducation, de réforme et d'assistance.

Art. 2. — Le ministère public saisit du rapport ou de la plainte une chambre du Tribunal civil qui statuera en chambre du conseil, c'est-à-dire dans la chambre où le tribunal se réunit ou délibère et non plus en audience.

Art. 3. — L'enfant pourra être remis provisoirement à une personne digne de confiance ou à une « institution charitable reconnue d'utilité publique ».

Art. 4. — La chambre du conseil désigne des rapporteurs chargés d'interroger de suite l'enfant, d'entendre les témoins, les parents, tuteur ou gardiens de l'enfant. Ces rapporteurs sont choisis parmi les magistrats, avocats, avoués, notaires, les membres de sociétés de patronage reconnues d'utilité publique. Et il est dit, ce qui nous intéresse tout particulièrement, que les membres « femmes » de ces sociétés peuvent être aussi bien nommées rapporteurs que les hommes.

Enfin, l'article 6, qui traite des mesures dont le tribunal aura le choix, stipule qu'il pourra placer les mineurs de 13 ans jusqu'à la majorité, avec le consentement des parents, du tuteur ou d'office et sous la surveillance d'un délégué, soit dans une famille, un asile approprié, un établissement d'anormaux, soit dans une institution charitable reconnue d'utilité publique.

TITRE II

Ce titre traite « de l'instruction et du jugement des infractions à la loi pénale imputables aux mineurs de 13 à 18 ans » et « des Tribunaux pour enfants et adolescents ».

Ce titre étant un peu long, je n'en donne que la substance.

Chaque Tribunal de première instance se formera en tribunal pour enfants et adolescents pour juger dans une audience « spéciale » : 1° les mineurs de 13 à 16 ans inculpés de crimes ou délits ; 2° les mineurs de 16 à 18 ans inculpés de faits qualifiés délits. Chaque affaire sera jugée en l'absence de tous autres prévenus, car on a reconnu les inconvénients que présentaient la promiscuité avec les autres prévenus et la publicité des audiences. Enfin, la publication des débats, la reproduction des portraits des mineurs poursuivis et de toute illustration concernant les faits de la cause, seront interdites sous peine d'amende.

TITRE III

Ce titre vise spécialement « la mise en liberté surveillée ».

Le tribunal pourra prononcer provisoirement la mise en liberté surveillée d'un mineur de 13 à 18 ans, sous la garde d'une personne ou d'une institution qu'il désignera. Dans le cas de « non-discernement » de l'article 66 du Code pénal et dans le cas de l'article 5 de la loi de 1898 (voir plus haut) sera ajoutée la disposition suivante : lorsque le tribunal aura ordonné que le mineur sera remis à ses parents, à une personne ou à une institution charitable, il pourra décider, en outre, que ce mineur sera placé, jusqu'à l'âge de 21 ans au plus, sous le régime de la liberté surveillée. A l'expiration de la période fixée par le tribunal, celui-ci statuera à nouveau, à la requête du procureur de la République.

Telle est la loi dans son ensemble et en raccourci. Elle .doit revenir devant la Chambre et tout donne à penser qu'elle y sera votée définitivement telle qu'elle vient de l'être au Sénat. Elle n'est pas parfaite évidemment. On peut se demander si l'on n'aurait pas dû considérer l'acte d'un mineur moins en lui-même que comme une révélation de ses tendances ; si l'on n'aurait pas dû abandonner des tarifications pénales qui peuvent s'adapter mal ; si l'on n'aurait pu remplacer cette alternative de « discernement » ou « non-discernement » par quelque chose de plus élastique.

Quoi qu'il en soit, cette loi est une amélioration très grande du système actuel et il faudra se féliciter de la posséder. Pour ce qu'on peut regretter de ne pas y trouver il faut se dire avec le vieux philosophe grec : Quand on n'a pas ce qu'on aime, il faut aimer ce qu'on a.

§ V. — *Visites aux détenues dans les prisons*

La prison constitue la triste étape qui sépare le moment où la femme est condamnée de celui où elle sera susceptible d'être prise sous la protection de l'Œuvre. Les visites dans les prisons constituent donc un des éléments les plus efficaces de l'action de la Société, puisque c'est par elles qu'elle sera renseignée sur le choix à faire des personnes dont elle voudra s'occuper.

Deux dames patronnesses déléguées par le Conseil d'administration et agréées par le Préfet de police vont voir les détenues, soit à Saint-Lazare, soit à Fresnes, soit même à Rennes, par l'intermédiaire d'une filiale de l'Œuvre qui se trouve dans cette ville. On sait, en effet, que Saint-Lazare n'est plus la seule prison de femmes de Paris.

Ces visites ont l'avantage considérable de permettre aux déléguées de s'entretenir avec les malheureuses femmes, longtemps avant leur libération. Elles se mettent en relations avec leurs parents, soit à Paris ou en province, avec ceux qui peuvent s'intéresser à elles. Par leurs relations et par l'admirable solidarité qui existe entre les œuvres de notre nature, les dames patronnesses peuvent leur trouver une place, un emploi. On gagne ainsi du temps, on évite les dangers que pourrait offrir un séjour oisif dans Paris. Souvent, on les rapatrie en partie à nos frais et avec la générosité des compagnies de chemin de fer qui accordent à l'Œuvre des réductions de tarif.

§ VI. — *L'Asile temporaire*

Les libérées dont il vient d'être question au paragraphe précédent et qui peuvent être rapatriées ou placées sont généralement sauvées. Comme le constatait déjà M. Bogelot, il y a plusieurs années, « celles « qu'on a pu suivre après leur rentrée chez « elles ont prouvé que le but cherché, la « rentrée de ces femmes dans la voie du « travail et de l'honnêteté, est pleinement « atteint ».

Mais il arrive souvent que les libérées n'ont plus de parents ou que leurs parents ne veulent pas les recevoir. Alors, il faut les piloter et s'en occuper plus spécialement, car elles sont quelquefois si déprimées par le régime de la prison qu'elles ne savent plus d'elles-mêmes se servir de la liberté qu'elles ont retrouvée. Alors, l'Asile temporaire les recueille. Cet Asile, dont j'ai déjà parlé plus haut, se trouve boulevard de

Strasbourg, à Billancourt, sur une grande voie bien aérée. Le petit immeuble s'élève au milieu d'un enclos coquettement garni d'arbustes et de plantes grimpantes.

La garde en est confiée à une femme entendue et honnête qui l'administre depuis quelque vingt-cinq ans et connaît admirablement le maniement des pensionnaires qu'elle reçoit. Là, la vie est commune et chacune aide à la tenue du ménage. Aucun autre travail n'est demandé. Les pensionnaires peuvent sortir quand elles le désirent, et elles ont ainsi le temps de chercher du travail, soit par elles-mêmes, soit aidées des dames patronnesses qui sont toujours heureuses de leur faciliter leur tâche.

Une femme a-t-elle trouvé une place, elle est vite remplacée par une autre et l'Asile fonctionne sans relâche. Au surplus, il ne sert pas qu'à des libérées et on le met souvent à contribution dans des cas de pure charité.

Trois ou quatre exemples, exposant rapidement les circonstances qui peuvent amener des malheureuses à l'Asile temporaire, feront mieux comprendre au lecteur sa véritable destination que plusieurs pages d'explication théorique.

Prenons au hasard :

Voici une femme des environs de Paris abandonnée, avec trois enfants, par son mari, un ouvrier qui ne craint pas les poses chez le marchand de vin. Cette femme arrive à Paris, elle entend parler de l'Asile temporaire et vient s'y abriter. Son mari, qui n'est pas mauvais, au fond, veut la reprendre et revoir les petits. Mais elle, qui n'a pas confiance dans les promesses et se trouve bien, ne veut pas partir. Le mari s'entête et revient avec deux camarades, honnêtes ouvriers, qui se portent garants de la bonne conduite future de leur « copain ». Tout le monde part bras dessus, bras dessous de l'Asile, et il paraît que, depuis lors, le ménage marche bien. La femme a écrit pour remercier l'Œuvre de sa charitable intervention.

Voila maintenant une jeune domestique de province qui, ne se trouvant pas assez payée dans son pays, vient à Paris, croyant y trouver la poule aux œufs d'or (éternelle et triste histoire). Ne trouvant pas de place, elle se laisse aller à la débauche. Deux chenapans, voyant sa naïveté, décident de l'exploiter. Ils lui disent qu'ils lui offriront une broche et la conduisent chez un bijoutier. Tandis que celui-ci montre divers objets, les deux filous font main basse sur une vitrine et détalent. La fille est arrêtée et condamnée, comme complice, à six mois avec sursis. Elle est à l'Asile et on lui apprend à travailler sérieusement en attendant de lui trouver un sort.

Là, assise à la cuisine et préparant la soupe, se trouve une jeune étrangère de 18 ans, d'intelligence peu développée ; elle a fait dans son pays la connaissance d'un vaurien et de sa maîtresse qui comptent l'exploiter en l'amenant à Paris et en se servant d'elle comme guetteuse, tandis qu'ils volent dans les magasins. Tous trois sont pris. Elle est considérée comme ayant agi « sans discernement » et confiée à l'Œuvre. Son père la réclame et elle est rapatriée au delà des frontières avec un billet à demi-tarif.

Et cette pauvre femme, à l'aspect âgé et à la mine souffrante. Qui est-ce ? C'est une pauvre créature de cinquante ans, condamnée aux travaux forcés à perpétuité pour infanticide à l'âge de 27 ans. Après vingt ans de sa peine, elle a été graciée à cause de sa bonne conduite et est entrée dans un refuge religieux. Là elle est tombée gravement malade et son état nécessite une opération. Elle est abritée par l'Œuvre qui la fera entrer à l'hôpital et continuera là de s'intéresser à elle.

Tout récemment, deux jeunes filles, l'une Annamite et l'autre Grecque, amenées à Paris, puis brutalement renvoyées, sans cause, par leurs maîtres, se sont réfugiées dans des commissariats de police d'où elles ont été dirigées sur le Dépôt. Recueillies par l'Œuvre, elles ont été rapatriées par ses soins et avec l'appui des dames de la Légation hellénique, pour ce qui concerne la jeune Grecque.

Voilà le triste spectacle cinématographique de la misère humaine auquel on assiste dans l'Asile temporaire qui est cependant exempt de toute impression de tristesse, tant on a le sentiment que les femmes qui s'y trouvent, s'élèvent d'une situation difficile ou mauvaise vers une qui sera meilleure.

Enfin, pour donner une description exacte et faire un tableau fidèle de l'Asile temporaire, je ne dois pas oublier de mentionner trois petits lits de bébés que j'ai vus, bien propres et bien confortables, mais inoccupés, dans une chambre exposée au midi. Que font-ils là? Ils attendent quelque pauvre fille-mère sortie d'une maternité et qui, momentanément, ne sait où aller ni que faire, ou qui est trop faible encore pour reprendre son travail si elle en a un. Nous la connaissons peut-être déjà, cette pauvre femme, car elle a pu venir une première fois nous demander un abri alors qu'elle attendait de mettre au jour son enfant. Quand elle a été enceinte de sept mois, l'Œuvre Michelet, qui ne nous a jamais refusé son charitable concours, l'a prise pendant ses couches. Si elle est allée dans une maternité, les dames patronnesses ne l'ont pas abandonnée malgré tous les bons soins qu'elle a pu avoir dans les hôpitaux, elles ont été la voir, lui donner du courage et la libérer de tout souci futur en lui disant qu'elle était attendue à l'Asile temporaire avec son bébé et que sa chambre était prête.

Lorsque l'Asile reçoit une mère avec son bébé, l'Œuvre cherche une place pour la mère et envoie l'enfant en province en payant les mois de nourrice que la mère rembourse, si elle le peut, et au prorata de son gain.

Je serais injuste si, en terminant ce paragraphe, je n'adressais des remerciements aux œuvres qui nous donnent leur concours comme nous leur donnons le nôtre et qui fournissent ainsi des preuves de la plus précieuse des solidarités.

Ce que j'ai dit de l'Œuvre Michelet s'applique aussi bien, pour d'autres cas, à l'*Asile de l'avenue du Maine*, à l'*Allaitement maternel*, à l'*Amicale*, à l'*Abri maternel de Nanterre*, à la *Société de l'Abri* (pour faciliter le paiement des loyers), à l'*Enfance abandonnée*.

J'oublie certainement des noms. Qu'on me pardonne. Cela tient à ce que les œuvres philanthropiques sont très nombreuses et c'est tout à l'honneur de la charité française.

§ VII. — *L'École ménagère*

Le second asile, ou « École ménagère ».

est presque spécialement affecté aux jeunes mineures que nous avons vues passer à la 8e Chambre et qui, en vertu de l'article 66 du Code pénal et de l'entente officieuse dont j'ai parlé, sont envoyées en correction, puis nous sont confiées en « libération provisoire » lorsque nous les demandons ; et nous le faisons chaque fois que nous les jugeons susceptibles de s'amender.

Cet asile, situé à Billancourt, comme le premier, est un vaste bâtiment élevé dans un endroit spacieux et aéré. Le clos qui entoure la maison ressemble encore un peu, par sa nudité, à une grande cour ; mais, comme on le sait, l'inauguration de la maison remonte seulement à l'an dernier. Dans quelques années, lierre, buissons et arbres fruitiers auront poussé et les pauvres jeunes filles qui viendront là, trouver le repos et la paix qui leur ont tant manqué, pourront jouir, en été, de l'ombre et de la verdure.

L'intérieur de l'École ménagère est

admirablement installé. Rien n'y manque : salle de travail spacieuse, réfectoire, buanderie, salle de bains et cuisine presque modèle. Pour ce qui est des petites chambres à un lit, habitées par les pensionnaires, qui sont ainsi toujours séparées la nuit, elles rendraient tout simplement jaloux le Touring-Club, et bien des chauffeurs ou des cyclistes voudraient en rencontrer de semblables au cours de leurs randonnées. Non qu'elles soient trop confortables — il ne faudrait pas qu'elles le fussent — mais elles sont bien aérées, largement éclairées et enduites d'une jolie peinture blanche qui inspire et appelle la propreté. Il faut d'ailleurs reconnaître, et je le fais avec un sincère plaisir, que la façon dont ces chambrettes sont entretenues fait honneur aux pensionnaires.

Lorsque les jeunes filles arrivent à l'asile, elles ne savent généralement pas grand'chose. Ça n'est pas de leur faute, car elles ont été souvent mal élevées et quelquefois pas du tout. Ce sont donc des natures à former ou des éducations à recommencer et il faut songer constamment à mettre à profit le temps qu'elles passent entre nos mains pour leur apprendre quelque chose qui puisse leur servir quand elles nous quittent. C'est pour cette raison qu'on a donné à l'asile le nom d' « Ecole ménagère ».

L'enseignement — qu'on pourrait plus justement appeler un préapprentissage — porte sur les soins et la tenue du ménage, sur la couture, le lessivage, le repassage et la cuisine. Tout cela est appris pratiquement d'abord, puis théoriquement dans des cours qui ont lieu plusieurs fois par semaine.

N'étant pas grand connaisseur en matière de couture et de repassage, je me suis borné, lorsque j'ai visité l'école, à constater l'ordre et le calme parfaits dans lesquels les élèves travaillaient, constatation faite à travers une vitre et à leur insu.

Mais la cuisine m'a fort intéressé. J'ai trouvé là deux fillettes de quinze ans, leur costume propret recouvert d'un grand tablier, l'une activant le fourneau, l'autre remuant avec une louche un potage au fumet appétissant.

Elles étaient de semaine, car tout se fait par roulement à l'Ecole, et elles en paraissaient toutes joyeuses, si l'on en juge par l'entrain qu'elles apportaient dans l'exercice de leurs fonctions. Elles sont, du reste, dirigées dans cette partie par une femme qui sait leur donner le goût du travail et même se les attacher, tout en les maintenant par une forte discipline.

Le dimanche, les pensionnaires sont plus libres. Le matin, elles sont réunies à la grande salle pour entendre une lecture intéressante et morale à la fois, faite par la Directrice, une personne extrêmement entendue, pleine de courage et de dévouement, qui mène très intelligemment l'établissement et traite ses élèves avec bonté lorsqu'elles le méritent.

Beaucoup de nos jeunes filles prennent goût à leur nouvelle et paisible existence, toute faite de régularité, de travail et aussi de contentement de soi, sentiment qu'elles n'ont pu connaître dans leur première existence, si cahotée, remplie de mensonge, de désirs malsains et parfois de remords.

Une fois à l'Ecole, elles n'ont qu'à se laisser vivre et faire régulièrement le travail qu'on leur demande. Il est varié sans être excessif, deux excellentes conditions pour donner à des enfants l'habitude d'une vie laborieuse. De plus, grâce à la variété du travail, on ouvre aux élèves différentes voies pour l'avenir et, en les suivant, en les étudiant, on voit, d'après leur nature et leurs penchants, dans quel sens il convient de les guider. Cette besogne est délicate; elle est réservée aux dames patronnesses et à la Directrice générale de l'Œuvre qui visitent l'Ecole plusieurs fois par semaine, confèrent avec les surveillantes, vivent chaque fois quelques instants avec les élèves, les interrogent sur leurs travaux, goûtent leur cuisine et leur adressent, suivant les cas, des compliments ou des reproches. Les jeunes filles sont très sensibles à ces visites et elles donnent l'impression d'être sincèrement touchées de se voir encouragées et aimées par ces femmes de cœur qui les suivent sans relâche et les soutiennent dans la voie du relèvement social.

Pour terminer avec l'Ecole ménagère et indiquer par suite de quelles circonstances les jeunes filles y entrent, voici quelques cas qui montrent qu'en dehors de celles qui nous sont confiées après un jugement — et c'est la règle générale — il en est quelques-unes qui nous arrivent par un autre chemin.

La jeune X..., 17 ans, fréquentait les bals de barrière, y faisait de mauvaises relations, se laissait entraîner à boire, puis se livrait à des outrages et à des violences vis-à-vis des agents. Nous a été remise après jugement.

La jeune X..., 16 ans, vagabondage et mauvaise conduite, même sanction que le cas précédent.

La jeune X..., 16 ans : s'est sauvée de chez elle où elle était maltraitée, est venue à Paris, s'est livrée à la prostitution et, s'étant mise en garni, vendait la literie pour se faire de l'argent. Même sanction.

La jeune X..., 15 ans, confiée directement et sans jugement par le procureur de la République : s'était enfuie de chez ses parents, qui la maltraitaient, et se réfugiait constamment au commissariat de police de son quartier.

La jeune X... : confiée directement par sés parents, qui désiraient la soustraire à l'influence d'un faux ménage, qui l'incitait à la débauche.

Je pourrais citer d'autres exemples, mais ceux-ci suffisent, je crois, pour faire saisir de quelle manière se recrutent les pensionnaires dont nous avons la garde à l'Ecole ménagère.

RÉSULTATS. — STATUTS
CONSEIL D'ADMINISTRATION

RÉSULTATS — STATUTS

Les résultats ! Voilà le chapitre que guettent peut-être les lecteurs empreints de scepticisme vis-à-vis de notre Œuvre, et qui se demandent si nous parvenons réellement à sauver quelques-unes de ces femmes, qu'ils estiment corrompues et perdues sans espoir de retour. Ils verront tout à l'heure que notre but est atteint, mais, s'ils demandent des résultats mathématiques, avec des graphiques à l'appui, ils seront déçus, car il est bien difficile d'évaluer en chiffres des résultats essentiellement moraux, et tel sauvetage ne coûtera presque rien, tandis qu'un autre qui aura demandé beaucoup plus de peine et d'argent, réussira peut-être moins bien ou n'aboutira pas.

Les vrais résultats découlent bien plus logiquement de la lecture des chapitres précédents que de l'examen d'un ou de plusieurs budgets, mais je comprends fort bien l'erreur de mes sceptiques lecteurs, car j'en ai été moi-même victime.

J'ai essayé de dresser une statistique, je voulais prendre l'Œuvre à ses dernières étapes décennales, noter quels avaient été les résultats en 1890, 1900, 1910 et voir si l'on pouvait partir de là pour établir une base sérieuse d'appréciation.

J'ai dû y renoncer !

Je constatais bien le développement normal et progressif que doit prendre toute œuvre reposant sur des fondations aussi solides que la nôtre, mais je n'arrivais pas à des conclusions précises, et tout simplement parce qu'il était impossible d'y arriver.

Pour le « Vestiaire » par exemple, on trouve au budget de 1890 une dépense de 407 francs. Elle est en 1900 de 265 francs et en 1910 de 763 francs. Faut-il en conclure qu'en 1900, nous avons vêtu moins de pauvres créatures qu'en 1910? Non pas, et 1900 a été justement une des années où le Vestiaire a le plus activement fonctionné grâce à la grande quantité de vêtements qui ont été généreusement offerts et n'ont pu, par suite, figurer aux « *dépenses.* »

Prenons encore, si vous voulez, la statistique des visites dans les prisons. Je ne les trouve pas mentionnées au bulletin de 1890 qui était encore, à cette époque, un peu sommaire, mais en 1900, elles atteignent, pour cette année-là, le chiffre de 2,213. Elles montent de cent pour cent en 1910 et arrivent au chiffre de 4,830.

Cette augmentation accuse-t-elle une progression proportionnelle au point de vue des résultats? Certainement non! Elle prouve, et c'est déjà beaucoup, que le zèle de nos dames patronnesses, loin de faiblir, croît sans cesse et se maintient à la hauteur de la tâche à remplir, mais on ne peut en conclure que chaque visite porte ses fruits. C'est impossible; ce serait trop beau !

Ce que je viens de dire serait vrai pour presque tous les postes du budget. Ainsi la somme allouée en « secours » est inférieure en 1910 à ce qu'elle était en 1900. N'est-ce pourtant pas en 1910 qu'on inaugure l'École ménagère, ce rouage si remarquable de l'Œuvre, où nous opérons le sauvetage de l'enfance sur une plus grande échelle qu'on ne l'avait fait jusqu'alors et dans laquelle nous avons déjà dix-huit jeunes filles. L'une d'elles vient même d'être placée récemment, après une cure morale d'une seule année, et elle se conduit bien.

Il est donc bien démontré qu'une appréciation fondée sur des chiffres risque toujours d'être erronée.

Cependant il est un article du budget qui n'est pas trompeur, lui, et je l'ai gardé pour la fin. C'est celui qui a trait aux rem-

boursements faits par les personnes secourues.

Il montait en 1890 à 276 francs, en 1900
à 324 francs et en 1910 à 673 francs. Il a
donc doublé dans les dix dernières années.

Là, nous avons une preuve bien réelle,
je dirai même la plus belle preuve que
nous puissions désirer, de l'effet moral de
l'Œuvre.

Parmi les femmes qui ont effectué ces
remboursements, plusieurs étaient, c'est
entendu, des femmes honnêtes se trouvant
momentanément dans un absolu dénuement et que l'Œuvre empêchait de som-
brer, mais on en trouve aussi, et dans une
proportion très appréciable, qui apparte-
naient aux libérées.

Voilà donc des femmes, qui étaient tom-
bées dans le gouffre, attirées par ce mons-
tre qui se nomme le *Vice* et derrière lequel
on voit toujours briller l'or fascinateur, qui
sont remontées à la surface de la société,
purifiées et transfigurées à ce point que

non seulement elles ne se laissent plus séduire par le métal qui les a perdues, mais qu'elles nous rendent tout ou partie de celui que nous avons dépensé pour les guérir.

L'une d'elles, en venant faire un remboursement, a même dit: Je serai trop heureuse si cet argent que j'ai gagné et que je vous remets peut servir à en sauver une autre.

Je termine sur ce témoignage de reconnaissance, si profondément touchant, et qui montrerait aux plus aveugles, s'il en restait, combien l'Œuvre des Libérées de Saint-Lazare est en droit de compter, dans l'avenir, sur son action morale et régénératrice.

LISTE

des ouvrages dans lesquels j'ai puisé mes documents.

1º Les *Bulletins* annuels de l'Œuvre ;

2º *L'Œuvre des Libérées de Saint-Lazare*, par Mme Valette, 1889 ;

3º Du *Patronage des Libérées*, par M. Bogelot, 1887 ;

4º *Paris bienfaisant*, par Maxime du Camp, Hachette, 1888 ;

5º *L'Œuvre des Libérées de Saint-Lazare*, par Mme Bogelot, 1888 ;

6º *Notices sur l'Œuvre et Articles de Revues*, par M. Grimanelli ;

7º *Brochures sur les Tribunaux d'enfants*, par M. Marcel Kleine.

STATUTS

ARTICLE PREMIER. — L'Association dite **Œuvre des Libérées de Saint-Lazare**, fondée en 1870, a pour but d'assurer son patronage aux femmes en danger de se perdre, et de fournir aux libérées le moyen de se réhabiliter.

Elle a son siège à Paris.

ART. 2. — L'Association se compose de membres titulaires, fondateurs, bienfaiteurs et de membres correspondants.

Pour être membre titulaire, il faut :

1º Etre présenté par deux membres de l'Association ;

2º Etre agréé par le Conseil d'administration ;

3º Payer une cotisation annuelle dont le minimum est de cinq francs.

Pour être membre fondateur, il faut avoir racheté sa cotisation en versant une somme de cent francs, une fois donnée.

Le titre de membre bienfaiteur est conféré par le Conseil d'administration aux membres qui ont versé une somme importante.

Enfin, le titre de membre correspondant est conféré par le Conseil aux personnes qui veulent bien se mettre en rapport avec l'Œuvre et lui rendre des services effectifs pour le patronage des libérées.

Art. 8. — Le Conseil d'administration se compose de trente à quarante membres, dont vingt-quatre dames, élus pour trois ans par l'Assemblée générale.

Le Conseil d'administration nomme pour trois ans une Directrice générale, et, pour un an, une Directrice adjointe ; elles sont rééligibles et font partie de droit du Bureau.

Le Conseil d'administration nomme lui-même son Bureau, qui se compose d'un Président, de deux Vice-Présidents, d'une Vice-Présidente, d'un Secrétaire général, de deux Secrétaires et d'un Trésorier.

Le Bureau est élu pour un an.

Le Conseil se réunit tous les mois, et chaque fois qu'il est convoqué par son Président ou sur la demande du quart de ses membres

En cas de vacance, le Conseil pourvoit au remplacement de ses membres, sauf ratification par la plus prochaine Assemblée générale.

Le renouvellement du Conseil a lieu tous les ans par tiers.

Les membres sortants sont rééligibles.

La présence de dix membres du Conseil d'administration est nécessaire pour la validité des délibérations.

Il est tenu procès-verbal des séances ; les procès-verbaux sont signés par le Président et le Secrétaire.

Dans l'intervalle des réunions du Conseil, le Bureau gère la Société avec l'assistance d'une Commission spéciale et rend compte de ses actes à la plus prochaine séance du Conseil.

La Directrice générale est chargée de tout ce qui concerne l'admission et la surveillance des femmes patronnées ; elle administre les asiles de la Société, nomme les employés et rend compte de ses choix au plus prochain Conseil.

Art. 4. — Les délibérations relatives à l'acceptation des dons et legs, aux acquisitions et aux échanges d'immeubles, sont soumises à l'approbation du Gouvernement.

Art. 5. — Le Trésorier représente l'Association en justice et dans tous les actes de la vie civile.

Art. 6. — Les délibérations relatives aux aliénations, constitutions d'hypothèques, baux à long terme, emprunts, ne sont valables qu'après l'approbation de l'Assemblée générale.

Art. 7. — Toutes les fonctions de l'Association sont gratuites.

Art. 8. — Les ressources de l'Association se composent :

1° Des cotisations et souscriptions de ses membres ;

2° Des dons et legs dont l'acceptation aura été autorisée par le Gouvernement ;

3° Des subventions qui pourraient lui être accordées ;

4° Du produit des ressources créées à titre exceptionnel avec l'autorisation du Gouvernement ;

5° Enfin du revenu de ses biens et valeurs de toute nature.

Art. 9. — Les fonds disponibles seront placés en rentes nominatives 3 °/₀ sur l'État ou en obligations nominatives de chemins de fer, dont le minimum d'intérêt est garanti par l'État.

Art. 10. — Le fonds de réserve comprend :

1º Le dixième de l'excédent des ressources annuelles ;

2º Les sommes versées pour le rachat des cotisations ;

3º La moitié des libéralités autorisées sans emploi.

Ce fonds est inaliénable, ses revenus peuvent être appliqués aux dépenses courantes.

Art. 11. — Les moyens d'action de l'Association sont les suivants :

1º Le *Bulletin*, les publications et mémoires ;

2º Les conférences ;

3º Les Comités départementaux ;

4º Les asiles ;

5º Les secours ;

6º Les bourses et pensions.

Art. 12. — L'Association peut se diviser en différentes Commissions annuelles qui sont chargées des visites, de l'instruction des affaires judiciaires, du placement, de l'administration, du vestiaire, etc.

Art. 13. — Aucune publication ne peut être faite au nom de l'Association, sans l'examen préalable et l'approbation du Bureau.

Art. 14. — L'Assemblée générale des membres de l'Association se réunit au moins une fois par an.

Son ordre du jour est réglé par le Conseil d'administration.

Le Bureau est celui du Conseil.

Elle entend les rapports sur la gestion du Conseil

d'administration, sur la situation financière et morale de l'Association ; elle approuve les comptes de l'exercice clos, vote le budget de l'exercice suivant et pourvoit au renouvellement des membres du Conseil d'administration.

Le rapport annuel et les comptes sont adressés chaque année à tous les membres, aux Préfets de la Seine et de police, et au Ministère de l'Intérieur.

ART. 15. — La qualité de membre de l'Association se perd :

1° Par la démission.

Le refus du paiement de la cotisation est considéré comme démission ;

2° Par la radiation prononcée pour motifs graves par l'Assemblée générale, à la majorité des deux tiers des membres présents, sur le rapport du Conseil d'administration, et le membre intéressé dûment appelé à fournir des explications.

ART. 16. — Les statuts ne peuvent être modifiés que sur la proposition du Conseil d'administration, ou de vingt-cinq membres, et soumise au Bureau au moins huit jours avant la séance.

L'Assemblée extraordinaire, spécialement convoquée à cet effet, ne peut modifier les statuts qu'à la majorité des deux tiers des membres présents.

L'Assemblée doit se composer du quart au moins des membres en exercice.

La délibération de l'Assemblée est soumise à l'approbation du Gouvernement.

ART. 17. — L'Assemblée générale appelée à se prononcer sur la dissolution doit comprendre, au moins, la moitié plus un des membres en exercice. Ses résolutions sont prises à la majorité des deux tiers des membres présents et soumises à l'approbation du Gouvernement.

Art. 18. — En cas de dissolution, l'actif de l'Association est attribué, par délibération de l'Assemblée générale, à un ou plusieurs établissements analogues et reconnus d'utilité publique.

Cette délibération est soumise à l'approbation du Gouvernement.

Dans le cas où cette délégation n'aurait pas été faite, les sommes et valeurs seront versées à l'Assistance publique.

Art. 19. — Il sera procédé de même en cas de retrait de l'autorisation donnée par le Gouvernement.

Dans le cas où l'Assemblée générale se refuserait à délibérer sur cette attribution, il serait statué par un décret rendu sous la forme des règlements d'administration publique.

Art. 20. — Un règlement intérieur, adopté par l'Assemblée générale et approuvé par le Préfet de police, arrête les conditions de détails propres à assurer l'exécution des présents statuts. Il peut toujours être modifié dans la même forme.

Art. 21. — La fondatrice fait de droit partie du Bureau.

CONSEIL D'ADMINISTRATION

Fondatrice : Mlle **Michel de Grandpré.**

Directrice générale d'honneur :
Mme **Isabelle Bogelot, ✳, ❂.**

BUREAU : ANNÉE 1911

Président......... M **Léon Bourgeois, O. ❂,** sénateur, ancien Président de la Chambre des députés.

Vice-présidente..... Mme **Louis Barthou.**

Vice-présidents.. { M. **Gustave Lacan, ✳, I. ❂,** secrétaire général au chemin de fer du Nord.
M. **Henri Mamy, ✳,** ingénieur civil.

Directrice générale. Mme **Caroline André.**

Directrice-adjointe. Mme **Georges Gaiffe.**

Secrétaire général.. M. **Georges Carré, ❂,** juge au Tribunal de commerce.

Secrétaires...... { Mme **Louise L. Brach.**
Mme **Robert Boas.**
M. **E. Pujalet,** inspecteur général des Services administratifs au Ministère de l'Intérieur.

Trésorier.......... M. Edmond Dreydel.
Trésorier-adjoint.. M. Jacques Hébert, avoué.
Notaire de l'Œuvre. M. Grange.

Membres du Conseil :

MM.

Bourgeois (Léon), O. ✳, sénateur.
Carré (Georges), I. ◑.
Dommergues (l'abbé).
Dreydel (Edmond).
Hébert (Jacques), avoué.
Lacan (Gustave), ✳, I. ◑.
Lévi (Israël), rabbin.
Mamy (Henri), ✳.
Pujalet, inspecteur.
Meyer-Heine.
Wagner (Ch.), pasteur.
Bogelot (Paul), avocat.
Grimanelli (P.), O. ✳.

Mmes

Alavoine.
André (Caroline).
Arnoux (René).
Basset (Amélie).
Barthou (Louis).

Mmes

Boas (Robert).
Brach (Louise L.).
Formstecher (Mⁱⁱᵉ Bertha).
Gaiffe (Georges).
Gédalge (André), I. ◑.
Crombach (Jules).
Halphen (Julien).
Helbronner-Alcan (Alph.).
Lavignac.
Leclerc (Mⁱⁱᵉ Jeanne), docteur-médecin.
Magnin (Jules).
Marchal (Paul).
Péronneau (Louise).
Philippon (Albert).
Sangouard (Coralie).
Simon (Eugène).
Tuleu (Charles).
Veaudeau (Henri).

Directrice-adjointe honoraire :
Mᵐᵉ **Léon Wagner.**

Membres honoraires :
M. **Henri Demay**, ancien Vice-Président.

Mme Louise David.
Mme veuve Frédéric Dollfus, ✿.
Mme Lameth.
Mme Legrand.
Mme Nathalie Simon.
Mme Berthenet-Wallart.
Mme Thomas.

COMITÉ DE PROPAGANDE

Mmes Louise L. Brach, Helbronner, Eugène Simon, Thomas, R. Boas, Chayet, Péronneau, et Mlle Basset.

COMITÉ DE L'ASILE

Mme Robert Boas, *présidente*.
Mmes Arnoux, A. Basset, Formstecher, Julien Halphen, Labélonye, Schneider; Ch. Tuleu, Mlle le Dr Leclerc, M. Dreydel.

MÉDECINS DE L'ASILE

M. le Dr Perrin, à Billancourt,
Mlle le Dr Jeanne Leclerc.

COMITÉ DU VESTIAIRE

Mmes Marchal, *présidente*; Paul Bogelot, Vasseur, Veaudeau, Bonnin, Hachenberger, Hennekinne, Mlles Boas, Brach, Couturier, Brocchi, Marchal.

COMITÉ DE L'ÉCOLE MÉNAGÈRE

Mmes Alavoine, Barthou, Arnoux, Lavignac, Veaudeau.
M. P. Grimanelli.

MÉDECIN DE L'ÉCOLE MÉNAGÈRE,
M. le Dr Gastou.

COMITÉ DES PUPILLES

Mᵐᵉˢ G. Gaiffé, *présidente*; Bloch, Louise L. Brach, Julien Halphen, Alph. Helbronner, L. Barthou, Eugène Lévy, Magnin, Meyer-Heine, Eugène Simon, la générale Thomassin, Albert Philippon, Robert Boas, Grumbach, M. Dreydel.

COMITÉ DES FINANCES

MM. Dreydel, Hébert, Meyer-Heine, P. Grimanelli.

SERVICE DU SECRÉTARIAT

Mᵐᵉ Le Roy, ✿, secrétaire-déléguée.
Mˡˡᵉ C. Michon, secrétaire-adjointe.

SERVICE DE L'ASILE

Mˡˡᵉ Coignet, surveillante.
Mˡˡᵉ Angèle, surveillante-adjointe.

MEMBRES CORRESPONDANTS

M. et Mᵐᵉ Crépieux-Jamin, à Rouen.
Mᵐᵉ veuve Guillon (jeune), à Marseille.
M. Daniel-Huc, à Marseille.
M. et Mᵐᵉ du Chastain, à Bruxelles.
M. et Mᵐᵉ A. de Morsier, à Genève.
M. et Mᵐᵉ Gaston Bach, au Havre.
Mᵐᵉ Lefebvre, à Étampes.
Mᵐᵉ Edouard Veil, à Versailles.
Mᵐᵉ Tanquerey, à Rennes.

SERVICE DE L'ÉCOLE MÉNAGÈRE

Mme Georgeot, surveillante.
Mme Dupont, surveillante-adjointe.

Le Vestiaire de notre Œuvre ne pouvant suffire aux besoins de nos protégées dénuées de tout, nous avons décidé de lui donner plus d'extension.

Dans ce but, nous faisons appel à toutes les personnes de bonne volonté qui voudraient bien nous aider, soit en nous envoyant du linge ou des vêtements usagés, soit en venant travailler avec nous.

La réunion de travail aura lieu chaque vendredi, de 2 à 4 heures, au Secrétariat de l'Œuvre, 14, place Dauphine.

Orléans. — Imp. Auguste GOUT et Cⁱᵉ.

www.ingramcontent.com/pod-product-compliance
Ingram Content Group UK Ltd.
Pitfield, Milton Keynes, MK11 3LW, UK
UKHW020945140726
13695UKWH00003B/1220